Wunderbare Glücksmomente erleben und dabei den Geldbeutel schonen

Schöne Aktivitäten und das Leben genießen, ohne (viel) Geld auszugeben – das geht! Mit diesem Buch hast du immer eine kostenlose Alternative in der Hinterhand, wenn du etwas unternehmen oder erleben willst, aber kein Geld ausgeben möchtest. Allein, mit Freundinnen oder der Familie:
Lass dich von den 99 bunten Ideen inspirieren und suche dir gleich etwas aus, das du als Erstes ausprobieren willst.
Ein Drei-Gänge-Menü aus den eigenen Vorräten kochen? Dich bei einem kostenlosen Sportkurs auspowern oder einfach mal wieder ein langes Telefonat mit einem lieben Menschen führen?
Fang am besten gleich an, und du wirst merken: Das Glück liegt in den kleinen Dingen und muss nicht viel kosten.
Ganz viel Freude beim Ausprobieren!

1

Koche ein Drei-Gänge-Menü aus all deinen Vorräten

2

Gestalte dein persönliches Visionboard

Was sind deine Ziele im Leben? Welche Orte möchtest du besuchen? Was inspiriert dich? Drucke so viele inspirierende Bilder aus, wie du möchtest, und ordne sie als Collage an. Du kannst auch motivierende Sprüche oder einzelne Wörter hinzufügen. So kannst du deine Träume und Ziele visualisieren und verlierst sie nicht aus den Augen.

3

Mach einen Persönlichkeitstest

Es gibt einige anerkannte (und kostenlose) Persönlichkeitstests im Internet. Finde heraus, ob du eher der harmonieliebende Typ mit einem ausgeprägten Sinn für Gerechtigkeit bist oder die euphorische Entertainerin, die gerne im Rampenlicht steht. Lerne deine Bedürfnisse, deine Antreiber und auch berühmte Persönlichkeiten des gleichen Typs kennen.

4

Werde Produkttester:in

und teste dich gratis durch Kosmetik- oder Elektronikprodukte – meist musst du am Ende eine aussagekräftige Rezension schreiben, darfst das Produkt aber behalten. Guter Deal, oder?

5

Repariere beschädigte Dinge oder gib Klamotten, die nur im Schrank liegen, als Upcycling-Projekt einen neuen Anstrich.

6

Räume deine Wohnung um

Hole dir Inspiration im Internet, in Büchern oder in Zeitschriften, die du zu Hause herumliegen hast. Schiebe die Couch an einen anderen Ort, hänge endlich das Poster auf, das noch immer eingerollt in der Ecke steht, oder stelle den Schreibtisch näher ans Fenster, um mehr Licht im Homeoffice zu haben. Kleine Veränderungen bewirken manchmal Großes!

7

Veranstalte einen **Hofflohmarkt**

Verkaufe alte Kleidung, Bücher oder Möbel bei dir im Hinterhof, vor der Haustür oder in der Garage und verdiene dir etwas dazu. Vielleicht möchte sich jemand aus der Nachbarschaft oder dem Freundeskreis anschließen?

8

Lass dich einladen! Und zwar durch Helfen.

In Nachbarschafts-Apps oder -börsen kannst du dein Talent zum Sockenstopfen, Schneeschippen, Werkzeugleihen oder Gassigehen anbieten und bekommst vielleicht ein leckeres Stück Kuchen oder ein Glas frisch gekochte Brombeermarmelade als Dank geschenkt.

9

Geh im Regen spazieren

und nimm den typischen Geruch
der Tropfen auf dem Asphalt wahr.
Vielleicht entdeckst du ja (je nach Jahreszeit)
sogar einen Regenbogen am Himmel?

10

Backe Cookies

Außer den klassischen Backzutaten Butter, Zucker, Mehl, Backpulver und Ei brauchst du nur – ganz wichtig! – Schokotropfen. Ab in den Ofen damit und sich schon in der duftenden Küche aufs Naschen freuen!

11

Organisiere einen (Vor-)Lesenachmittag

12

Unternimm eine Fahrradtour

Plane einen Ausflug ins Grüne oder steig auf dein Rad und fahr einfach los. Was kannst du unterwegs alles entdecken? Packe auch eine Picknickdecke und ein paar Snacks ein, wenn die Sonne scheint, und genieße das herrlich freie Gefühl auf zwei Rädern.

13

Du schaffst das: Geh joggen.

14

Wenn das Leben dir Zitronen gibt, mach Limonade daraus.

Selbst gemacht schmeckt sie nämlich am besten, und du weißt genau, was drin ist. Frischer Zitronensaft, sprudelndes Wasser, nach Belieben etwas Zucker, vielleicht noch Ingwer oder Minze – mehr brauchst du dazu nicht.

15

Umarme jemanden

So richtig fest und lang. Gibt es etwas Schöneres?

16

Tu jemandem etwas Gutes

Mit sogenannten »Random acts of kindness« kannst du Menschlichkeit zeigen und jemandem eine kleine Freude machen oder Hilfe leisten. Spende dein Pfandgeld, bring deinen Eltern selbst gemachte Limonade vorbei oder lächle den Verkäufer in der Bäckerei einfach mal herzlich an.

17

Tauche in der Bibliothek in fremde Welten ab

Hier erwarten dich nicht nur unendlich viele Geschichten und Wörter, zwischen den Regalen findest du auch Ruhe und Entspannung. Tauche in die verschiedenen Welten der Bücher ein und vergiss für ein paar Stunden deinen Alltag.

18

Bemale Steine mit bunten Farbtupfern

Diese Mandalatechnik bringt nicht nur graue Kiesel zum Leuchten, sondern schenkt dir selbst Fokus und Gelassenheit. Höchste Zeit, diese Achtsamkeitsübung einmal auszuprobieren! Alles, was du brauchst, ist ein dünner Pinsel, Acrylfarben und ein paar schön geformte, glatte Steine.

19

Backe einen Kuchen
aus Zutaten,
die du zu Hause hast.
Achtung: Es könnte
interessant werden!

20

Pflücke einen Strauß Wildblumen

21

Bastle eine Fotocollage mit den schönsten Bildern deiner Lieblingsmenschen

22

Versuche dich an Scrapbooking

Die aufgehobenen Tickets und die Urlaubsfotos, aus denen du eigentlich ein Fotobuch machen wolltest, liegen immer noch lose auf dem Schreibtisch? Dann schnapp dir ein leeres Notizbuch und klebe alle Erinnerungsstücke ein, die du finden kannst. Erschaffe dir ein ganz besonderes Buch voller schöner Dinge, die du nie vergessen möchtest.

23

Sortiere dein Bücherregal um

Nach Farbe, alphabetisch nach Autor:in, nach Titel, nach Größe ... Und überlege dir dabei, welche Bücher du vielleicht nicht mehr liest und weiterverschenken kannst. Oder welche du unbedingt mal wieder lesen solltest.

24

Mach Couchsurfing in einer neuen Stadt oder biete selbst deine Couch für Gäste aus aller Welt an. Statt Übernachtungsgebühren bekommst du sicherlich inspirierende, verrückte und schöne Geschichten bei einem Glas Wein am Küchentisch.

25

Geh Wildcampen

... und informiere dich unbedingt davor über die gesetzlichen Bestimmungen und Gepflogenheiten im Zielland. Schreibe dir eine Packliste für die wichtigsten Campingutensilien, und los geht's ins Grüne!

26

Bereite eine Teemischung selbst zu

Mit getrockneten Blüten, Kräutern und Wurzeln kannst du ganz einfach deine eigene Teemischung herstellen. Viele der Zutaten findest du auf Wiesen oder in Wäldern, vielleicht hast du auch einen eigenen Garten oder ein Kräuterregal auf dem Balkon. Probiere einfach aus, was dir schmeckt: Salbei mit Lavendel, Brombeerblätter mit Holunderblüten, Ingwer mit Minze ... und die Welt kann heute mal draußen bleiben.

27

Lauf über einen Jahrmarkt und erfreue dich an dem magischen Trubel, dem leckeren Geruch nach gebrannten Mandeln und der besonderen Atmosphäre, ohne teures Geld für Zuckerwatte, Riesenrad & Co. hinzulegen.

28

Spiele Schrottwichteln mit der ganzen Freundesgruppe

Beim Wichteln geht es darum, für ein kleines Budget einer zufällig gezogenen Person eine kleine Freude zu bereiten. Beim Schrottwichteln verschenkt man dagegen etwas möglichst Nutzloses oder Skurriles. Einzige Regel: Man darf nichts Neues kaufen. Wolltest du den Wackeldackel oder die bunte Plastikperlenkette aus den 2000ern endlich loswerden? Das ist die Gelegenheit!

29

So simpel, so erholsam: Verbringe Zeit mit deinen Lieblingsmenschen.

30

Recherchiere Mikroabenteuer in der Umgebung

Das Glück liegt manchmal so nah, auch wenn gerade kein großer Abenteuerurlaub ansteht. Zieh mit der ganzen Familie los, packt Proviant ein, lasst Papierschiffchen auf einem See treiben und entdeckt Aussichtspunkte in der näheren Umgebung.

31
Genieße die Sonne

32

Verzeihe jemandem (oder verzeihe dir selbst)

Vielleicht ist heute genau der richtige Tag dafür. Es kostet nichts und stärkt deine Beziehungen – zu deinem besten Freund, der Kollegin oder deinem großen Bruder.

33

Rufe jemanden an, den du lange nicht gehört hast. Bestimmt hast du eine Flatrate ins Handy- oder sogar Festnetz, die will schließlich auch genutzt werden!

34

Beobachte Tiere

Vögel auf dem Balkongeländer, eine fleißige Hummel auf einer Blüte oder die Hunde, die im Park ausgeführt werden: Schau einfach zu und verliere dich in dem Flattern und Tapsen und Summen …

35

Mach (dort, wo es erlaubt ist) ein Lagerfeuer, röste Marshmallows oder backe Stockbrot – je nach Vorliebe!

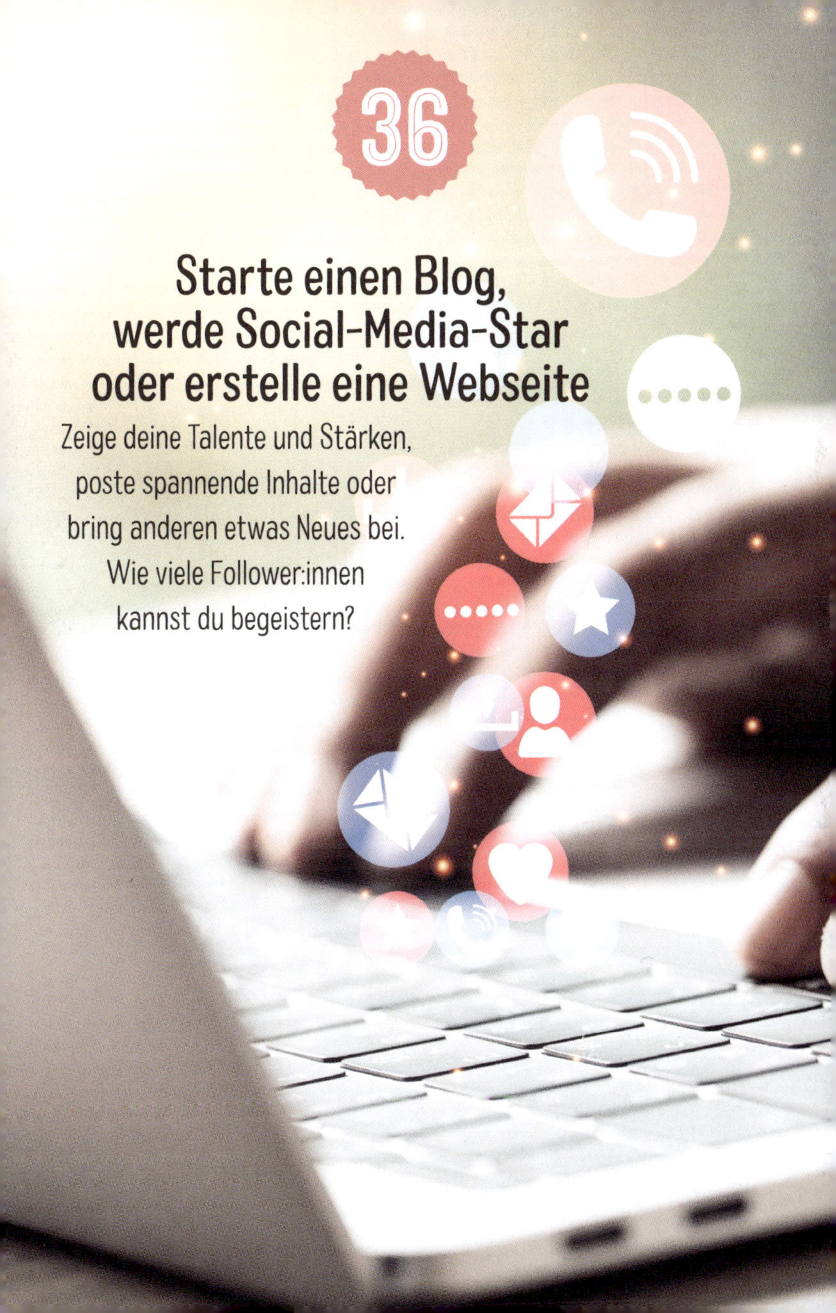

36

Starte einen Blog, werde Social-Media-Star oder erstelle eine Webseite

Zeige deine Talente und Stärken, poste spannende Inhalte oder bring anderen etwas Neues bei. Wie viele Follower:innen kannst du begeistern?

37

Engagiere dich

Auch in deiner Nähe wird es eine Tafel, Suppenküche, verschiedene Vereine oder ein Tierheim geben, die deine ehrenamtliche Hilfe zu schätzen wissen. Du kannst auch kleiner anfangen und Kleider- oder Sachspenden bei entsprechenden Organisationen abgeben.

38

Werde Teil der Foodsharing-Community

In vielen Städten und Läden gibt es inzwischen eigens eingerichtete (Kühl-)Schränke für Foodsharing. Rette Lebensmittel vor dem Verderben und Wegwerfen, nimm dir kostenlos Bananen oder einen Kopfsalat heraus und bring beim nächsten Mal selbst etwas mit, z. B. das (noch ungeöffnete) Nussmus, das dir eigentlich nicht schmeckt, oder die Artischocken, auf die du doch keine Lust mehr hast.

39

Kann man schon mal machen:
Vertreibe dir die Zeit mit kostenlosen Spielen auf deinem Smartphone.

40

Besuche ein kostenloses Webinar

Steige in ein neues Thema ein, lausche inspirierenden Expertinnen oder hole dir von einem Coach neue Impulse für deine persönliche Weiterentwicklung.

41

Streichle ein Tier oder spiele mit ihm

42

Werde wieder zum Kind

Klettere auf einen Baum oder renne zur nächsten freien Schaukel – das ist pure Freiheit!

43

Stelle eine Hobbymannschaft auf

Suche nach anderen Interessierten, stellt eine Mannschaft auf und trefft euch regelmäßig draußen zu Fußball, Federball, Tischtennis oder Basketball.

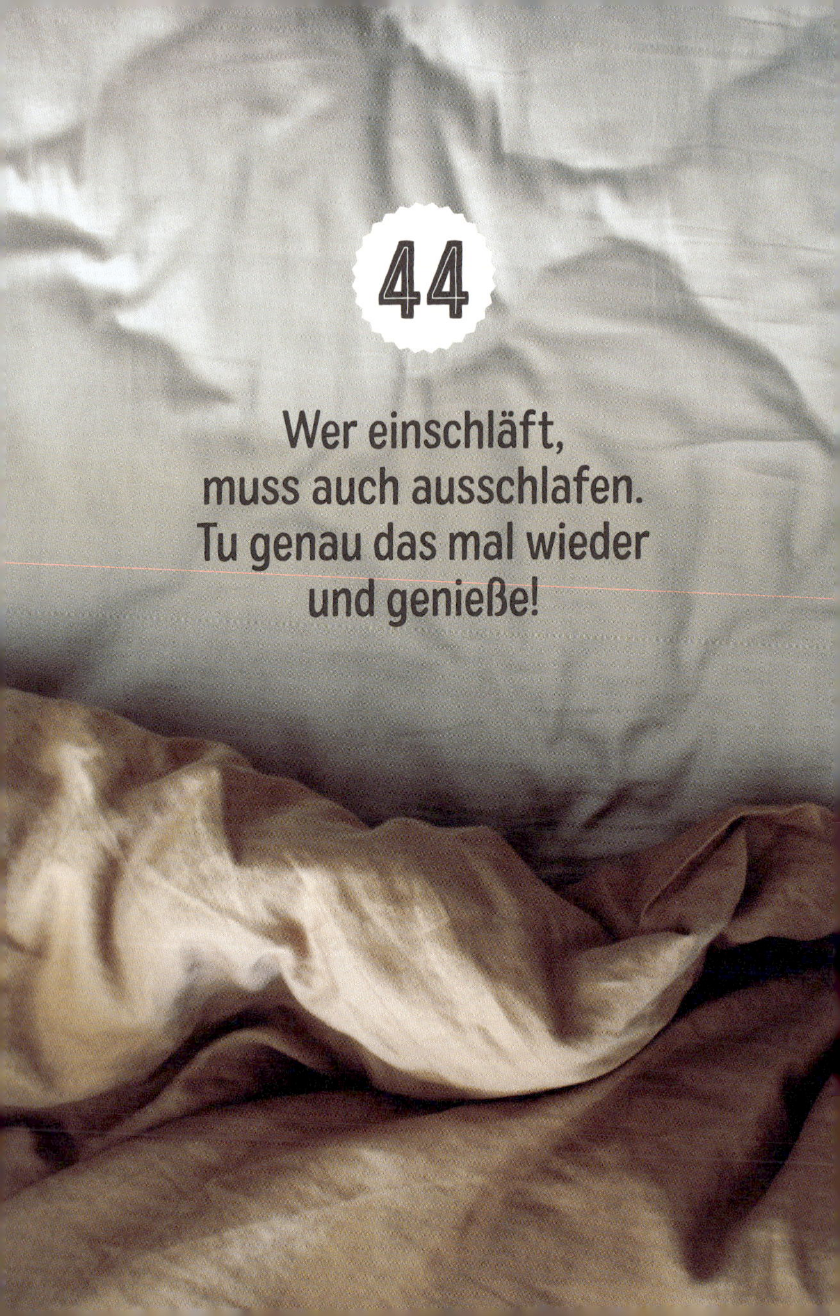

44

Wer einschläft,
muss auch ausschlafen.
Tu genau das mal wieder
und genieße!

45

Backe selbst Brot

Tatsächlich ist das sehr einfach und man braucht weder Sauerteigexpertise noch einen Brotbackautomaten. Mehl, Salz, Trockenhefe, Wasser, ein paar Kerne oder Samen und genügend Zeit, um den Teig liebevoll zu kneten und natürlich gehen zu lassen – das war's!

46

Schau dir Wahrzeichen und Sehenswürdigkeiten von außen an

Das klappt sowohl bei dir in der Nähe als auch in anderen Städten. Oft kosten Monumente sehr viel Eintritt, sind aber von außen genauso eindrucksvoll. Betrachte jedes Detail: Was ist dir noch nie zuvor aufgefallen? Eine kleine Seitentür, eine lateinische Inschrift ...? Halte auch nach Infos Ausschau, ob an manchen Tagen ermäßigter oder freier Eintritt angeboten wird.

47

Besuche einen botanischen Garten, einen herrlichen Park oder einen beeindruckenden Schlossgarten.

48

Suche nach ungelösten Kreuzworträtseln oder Sudokus in alten Zeitungen und Zeitschriften und mach es dir damit auf der Couch gemütlich.

49

Gestalte Postkarten selbst und verschicke sie an liebe Menschen

50

Nicht ganz kostenlos, aber kostengünstig:

Mach Läden und Bäckereien ausfindig, die Ware vom Vortag zum halben Preis verkaufen. Ein Toaster zu Hause wirkt hier Wunder! Oder du stellst knusprige Croûtons oder Semmelbrösel aus alten Brötchen her.

51

Lerne etwas Neues

Mit Internet-Tutorials lassen sich ganz einfach neue Talente entdecken! Hast du vielleicht ein Händchen für Makramee, Origami oder Handlettering? Probier's gleich aus und klicke dich durch die Videos, bei denen du ein gutes Bauchgefühl hast.

52

Lass dich auf eine geführte Meditation ein

Im Internet und in verschiedenen Apps wirst du fündig und kannst noch dazu ausprobieren, welche Stimme dich am ehesten anspricht und entspannt. Und jetzt: Einatmen. Ausatmen. Loslassen.

53

Schreibe Tagebuch

Wenn dir von allein nichts einfällt und du einfach nicht ins Schreiben kommst, lass dich von Journalingfragen leiten:

- Was war früher dein Traumberuf und wie unterscheidet sich dein jetziger davon?
- Wer bist du, wenn du einfach nur DU bist?
- Wenn Geld keine Rolle spielen würde, wie sähe dein Leben aus?
- Worauf freust du dich in der nächsten Zeit am meisten?

54

Raus in die Natur!

Rausgehen kostet nichts. Und dabei erwartet dich hier so viel. Suche dir eine Wanderroute, mach einen Spaziergang in deinem Viertel, verfolge einen Fluss oder geh einfach aus der Tür hinaus und lauf los, ohne nachzudenken. Es gibt so viel zu entdecken, wenn wir nur die Augen dafür öffnen.

55

Wage dich ans Einmachen

Äpfel und Zucchini aus dem Garten,
Lieblingssuppen oder Chili con (oder sin) carne –
all das kannst du in schönen Einmachgläsern
haltbar machen. Ein gutes Gefühl,
wenn man weiß, dass im Vorratsschrank
immer noch etwas
für den Notfall steht …

56

Lies mal wieder ein richtig gutes Buch

Nimm dir dafür viel Zeit und – das ist am Allerwichtigsten – verbanne Ablenkungsquellen wie Smartphone oder Laptop aus deiner Nähe. Allein die Tatsache, dass sie in deinem Blickfeld liegen, kann dich nämlich in Versuchung führen, dich von Nachrichten und sozialen Medien berieseln zu lassen. Und das wäre bei diesem spannenden Krimi oder diesen berührenden Gedichten doch zu schade ...

57

Besuche ein Museum

Suche dir in deiner Stadt ein Museum
mit freiem Eintritt und lass dich dort inspirieren.
Manchmal findest du die besten Orte und
bewegendsten Momente, wenn du es nicht erwartest –
auch wenn dir das Thema einer Ausstellung
zunächst vielleicht nicht zusagt.

58

Führe eine Unterhaltung im Gehen

Die besten Ideen kommen einem bekanntlich beim Zufußgehen. Ob alleine oder gemeinsam: Die Reiseplanung oder die scheinbar unendliche Suche nach dem perfekten Geschenk für eine anstehende Hochzeit nimmt so Schritt für Schritt Gestalt an.

59

Schlafe unter den Sternen

60

Besuche einen kostenlosen Sportkurs

Es gibt sicher auch in deiner Nähe viele Angebote: vom wöchentlichen Lauftreff über Yoga im Park bis hin zu Tanzkursen. Suche dir einfach eine Sportart aus, die dich anspricht, und los geht's!

61

Schreibe ein Drehbuch für einen Kinofilm – oder einfach ein kleines Gedicht

62

Entdecke faszinierende Dokus im Internet

Teils tummeln sich hier auch ganze Folgen älterer Serienklassiker.

63

Veranstalte ein Sonnenuntergangspicknick mit allem, was der Kühlschrank heute hergibt. Gurkensalat mit Joghurt-Zitronen-Sauce, geröstete Brotscheiben mit Tomaten und Rucola, ein gutes Stück Emmentaler und zum krönenden Abschluss eine Mousse au Chocolat aus dem Kühlregal.

64

Erstelle dir eine Happiness-Playlist

Lieblingsmusik zu hören, macht glücklich!
Suche alle Lieder zusammen, die du gerne hörst, und packe sie auf eine Playlist. So kannst du immer wieder darauf zugreifen, wenn sich Stress oder schlechte Laune in deinem Alltag breitmachen wollen. Oder höre die Playlist als Start in den Tag – lass dich von ihr wecken und bleib einfach noch ein bisschen liegen.

Oder …

65

… tanze durch die Wohnung! Schüttle deine Sorgen raus und halte für ein paar Momente dein Gedankenkarussell an. Dance like nobody's watching!

66

Höre einen Podcast an

Auch wenn du kein Streamingdienst-Abo hast, kannst du unzählige Podcasts online und ohne Kosten genießen. Auf vielen Webseiten von Autorinnen, Bloggern, Radio- und Fernsehsendern kannst du in deren Podcasts reinhören und zwischen Wissen, Unterhaltung und persönlicher Weiterentwicklung auswählen.

67

Koche Marmelade aus übrig gebliebenem Obst

Erdbeer, Aprikose, Sanddorn oder Traube:
Welche Marmelade oder welches Gelee schmeckt dir am besten? Selbst gemacht schmeckt doch alles gleich doppelt so gut! Und im Einmachglas mit einer schönen Schleife ist Marmelade ein kreatives und lange haltbares Mitbringsel zum nächsten Geburtstag.

68

Erkunde deine Stadt

Sightseeing in der eigenen Stadt? Nicht so langweilig, wie es vielleicht klingt. Finde einen ganz neuen Blick auf den Ort, in dem du lebst. Verbringe einen Touri-Tag in deiner Heimat und mach Fotos von den schönsten Orten, die du entdeckst.

69

Mach dich im Stadtarchiv
über die Stadtgeschichte schlau
und werde zum Profi der
eigenen Stadt.

70

Betreibe umfassende Recherchen

Ob True Crime, skurrile Welttage, Legenden des Radsports oder unnützes Wissen über literarische Nischengenres – suche dir ein Thema aus, das dich interessiert, und wühle dich auf der Suche nach Infos durch die Untiefen des Internets. Damit hast du auf der nächsten Party auf jeden Fall einen einzigartigen Funfact parat oder kannst beim anstehenden Familienessen alle mit deinem Fachwissen begeistern.

71

Schreibe einen Brief an dein jüngeres Ich

Was würdest du dir gerne sagen?

72

Lerne Yoga und finde zur inneren Ruhe.
Yoga braucht keine aufwendige Ausrüstung oder teures Retreat: Du kannst genau da starten, wo du bist.
Jetzt und hier.

73

Entdecke neue Schätze
in einem Bücherschrank in deiner Nähe.

74

Spiele alte Brettspiele

Hole die Klassiker aus dem Regal (oder wo lagen sie doch gleich?!) und fordere deine Bekannten zu einer Partie Halma, Monopoly oder Mensch ärgere Dich nicht heraus.

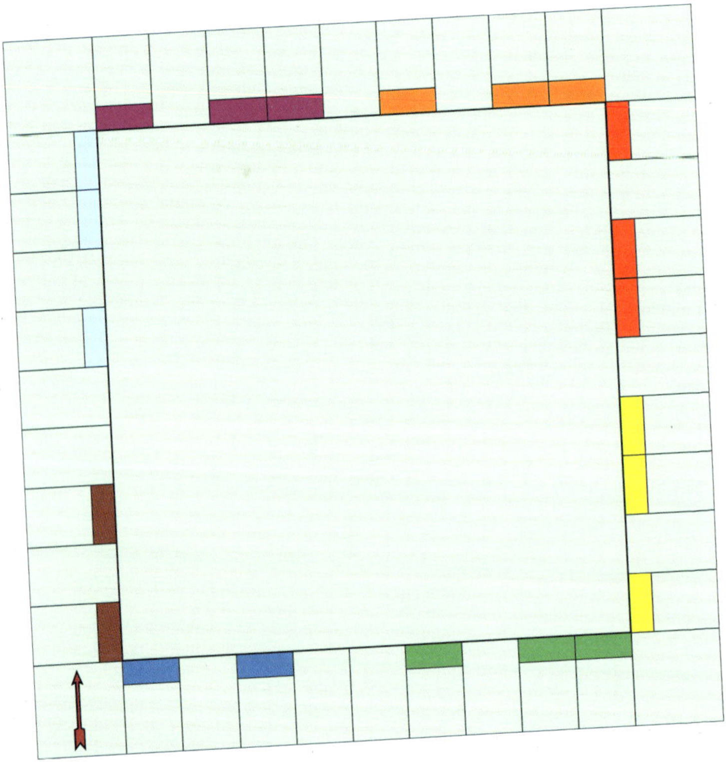

75

Kreiere Schmuck aus Papier

Mit einem Zahnstocher, einer Schere und Kleber kannst du aus alten Zeitschriften ganz leicht schöne Papierperlen basteln. Schneide einfach gleichmäßige Streifen aus bunt bedruckten Seiten, rolle sie ganz eng um den Zahnstocher, klebe dann das Ende fest und löse sie von dem Zahnstocher.

Aus den Papierperlen kannst du schöne Ketten, Armbänder oder sogar Ohrringe basteln.

76

Bring (d)einen Garten auf Vordermann

Unkraut jäten,
Töpfe von Schmutz befreien,
Tomatensamen aussäen ...
Vielleicht findest du
sogar ein paar Kräuter
für einen leckeren
grünen Salat?

77

Lerne deine Nachbar:innen kennen
und verbringe Zeit mit ihnen.

78

Male ein Bild

Denke dir verträumte Landschaftsszenen aus, porträtiere dein Haustier oder fertige eine Zeichnung der Häuser an, die du von deinem Fenster aus sehen kannst. Auch wenn du nicht Picasso bist (oder doch?) – Zeichnen und Malen macht Spaß, bringt dich in den Flow und lässt dein Gehirn mal wieder neue Impulse umsetzen.

79

Spaziere über einen Barfußpfad und erspüre die Natur unter deinen Fußsohlen. Barfußlaufen stärkt übrigens auch die Muskulatur in Füßen und Beinen, fördert die Durchblutung und noch dazu dein Immunsystem. Praktisch, oder?

80

Nimm mit dem Handy ein Hörbuch auf

Wenn du gerne liest und Hörbücher hörst, kannst du dein eigenes Hörbuch einfach selbst aufnehmen. Warum nicht? Das etwas andere Geschenk für den nächsten Anlass ... Alles, was du brauchst, ist die Diktierfunktion von deinem Smartphone und eine spannende Abenteuergeschichte, die du vorlesen kannst. Nimm die Kapitel hintereinander auf und verschicke sie an die eine Freundin, die diesen Autor genauso gerne liest wie du. Werde kreativ und erwecke die unterschiedlichen Figuren und Geräusche zum Leben.

81

Organisiere ein Krimidinner

Es gibt Unmengen an Gratismaterial im Internet zu finden. Rezepte, Musiktipps, die Inhalte für das Krimispiel, Zusatzmaterial zu den einzelnen Figuren, ein Sitzplan, Namensschilder ... Suche dir alles Wichtige zusammen und lade ausgewählte Gäste zu diesem fulminanten Erlebnis ein.

82

Sammle saisonale Früchte und bereite etwas Leckeres aus ihnen zu

83

Geh in der Natur baden

und genieße das kühle Nass von Meer, See oder Fluss – je nachdem, was du bei dir in der Nähe hast.

84

Veranstalte eine Klamottentauschparty

Lade alle Freundinnen und Nachbarn ein, der Rest versteht sich von selbst: Jede:r bringt sämtliche Klamotten und Accessoires mit, die nicht mehr getragen werden. Breitet alles über Bett, Tisch und Sofa aus und lasst euch zu einem neuen Style inspirieren. Es wäre auch zu schade (und noch dazu ganz und gar nicht nachhaltig), ungeliebte Teile einfach wegzuwerfen.

85

Mach Windowshopping

Wer sagt denn, dass man beim Shoppen immer etwas kaufen muss? Zeit für Schaufenstershopping! Schlendere die Einkaufsstraße entlang und überlege dir, für welche Anlässe man die ausgestellten Outfits tragen könnte. Noch mehr Spaß macht das Ganze zu zweit: Denkt euch lustige Geschichten zu den Kleidungsstücken und den potenziellen Käufer:innen aus. Tipp für Profis: Wenn du nicht in Versuchung geraten willst, solltest du an einem Sonntag losziehen.

86

Spiele dein liebstes Outdoorgame

Ob Fangenspielen, Federball oder Dreibeinlauf: In jedem Park, Waldstück oder sogar Innenhof kann man sich in den alten Spielen der Kindheit verlieren. Nostalgiegarantie!

87

Stelle dir selbst und deinen Freund:innen witzige Challenges

Einen Tag lang nicht grübeln, eine Woche keinen Zucker essen, einmal von 500 rückwärts bis 0 zählen, heute so viele Punkte wie möglich aus diesem Buch erledigen ...

88

Lerne eine Fremdsprache

Was gibt es Spannenderes, als sich mit Menschen aus aller Welt verständigen zu können? Mit vielen Apps kannst du kostenlos die Basics einer neuen Sprache lernen. Und wer weiß, vielleicht kannst du im nächsten Portugalurlaub bei der Bestellung im Restaurant gleich mit dem richtigen Vokabular punkten?

89

Verbringe einen Offline-Tag

und genieße die Zeit ganz ohne Nachrichten oder soziale Netzwerke. Richtig entspannend, oder?

90

Erledige Papierkram

Oh ja, jetzt geht's ans Eingemachte:
Ablage, Steuern, Finanzen, Rechnungen.
Nimm dir zwei Stunden Zeit und kümmere dich
um alles, was nun mal erledigt werden muss.

91

Stricke einen Schal

Liegen bei dir Wollreste zu Hause herum? Dann stricke einen farbenfrohen Schal oder starte ein anderes kleines Handarbeitsprojekt. Vielleicht wird ein Geschenk daraus und du sparst dir das nächste Geschenke-Shopping gleich mit.

92

Verbrauche alle Vorräte, bevor du das nächste Mal einkaufen gehst. So werden auch die Lebensmittel verwendet, die sich schon dem Mindesthaltbarkeitsdatum nähern, du wirfst weniger weg und sparst dir möglicherweise den nächsten Wocheneinkauf. Denn eigentlich hat man doch meistens noch genug zu Hause.

93

Singe ein Lied

Alleine und inbrünstig unter der Dusche oder mehrstimmig mit dreißig anderen in einem Chor: Singen löst Glücksgefühle aus! Während man singt, kann man sich außerdem unmöglich Sorgen um Vergangenheit und Zukunft machen, was aus Gesang ein echtes Anti-Stress-Mittel macht. Wenn der Klang durch deinen Körper fließt, können To-do-Listen und das unschöne Gespräch bei der Arbeit gestern dir nichts anhaben.

94

Lege zu Hause einen Spa-Day ein

und verwöhne dich mit einer Gesichtsmaske aus Quark und Honig, einem Peeling aus Salz und Hafermilch und gaaanz viel Ruhe. Beine hochlegen, Relaxmusik an und einfach mal die Augen schließen …

95

Stelle berühmte Gemälde nach

Die Mona Lisa, das Mädchen mit dem Perlenohrring oder die vier Jahreszeiten: Mach mit ein paar Freund:innen ein lustiges Fotoshooting, bei dem ihr berühmte Gemälde nachstellt. Der Clou: Ihr dürft dabei nur Sachen verwenden, die ihr bereits im Haus habt. Fotografiert euch gegenseitig – wer hat die Kunstwerke am besten imitiert?

96

Übe dich in Geduld: Mach ein Puzzle.

97

Verkleide dich

Irgendwo hast du bestimmt noch Kostüme vom Fasching oder Karneval herumliegen. Und hatte dir nicht mal jemand eine Maske aus Venedig mitgebracht?

98

Wirf einen Blick in den Veranstaltungskalender deiner Stadt – ist vielleicht ein Stadtfest, ein Open-Air-Konzert, eine Nacht der Museen oder ein gratis Musikfestival mit Bands aus der Umgebung geplant? Lass dich auf diese Entdeckungsreise ein.

99

Halte auf einem Stadtspaziergang nach »Zu verschenken«-Kartons in Wohngebieten Ausschau. Bücher werden gerne vor die Tür gelegt, ebenso Geschirr, Spielzeug oder andere kleine Gegenstände. Auch Sessel und kleine Kommoden sollen daneben schon mal gesehen worden sein!